楽しく学べる！

旧約聖書おもしろクイズドリル

監修者：大島　力

日本キリスト教団出版局

装幀・本文レイアウト
堅田和子

カバー・本文イラスト
大島史子

はじめに

「旧約聖書を楽しく読もう」。これは私たちにとって、聖書を読みつづけるために必要なことです。特に旧約聖書は「物語の源泉」と言われ、キリスト教徒でなくても、小説を書く人々に常に刺激を与えてきています。

例えば、大江健三郎の『洪水はわが魂に及び』は、ヨナ書の言葉（2:6）からきています。神から逃げようとしていた預言者ヨナが「大きな魚」に呑まれてしまった物語は印象的なストーリーです。しかし、そうした場合、聖書の言葉の細部が取り上げられることが多いのです。

一方、聖書を信仰の書物として読み人生の支えとしている者にとっては、もちろんその中心的な内容が最も重要ですが、それもまたさまざまな細部から成り立っています。意外とそのことが忘れられ、「聖書読みの聖書知らず」ということがあるのではないかと思います。

この『おもしろクイズドリル』は、旧約聖書の細部に注目して、それをクイズ形式で問い、聖書テキストをさまざまなレベルで確かめていくために大変便利です。

「初級」「中級」「上級」「無差別級」のどこからでも始めてください。知識の整理と新しい発見があることでしょう。

大島　力

この本について

1、初級・中級・上級・無差別級って？

それぞれの章には、「初級」「中級」「上級」「無差別級」というレベルごとにクイズがのっています。

「初級」…聖書のことや内容をある程度知っている方に。
「中級」…聖書のことや内容を少し詳しく知っている方に。
「上級」…聖書のことや内容をかなり詳しく知っている方に。
「無差別級」…「初級」～「上級」レベルがミックスされており、かつ聖書を読むだけでは解けないクイズも！

となっています。
自分にあったレベルから解いてみてください。

2、小テスト・中間テスト・総合テストって？

第１章と第３章の終わりには「小テスト」が、第２章の終わりには「中間テスト」が、第４章の終わりには「総合テスト」があります。すべて記述式のクイズです。

それぞれの問題は、すでにそれまでのクイズの問題や答えに出てきているものとなっていますので、復習をかねてトライしてください。

3、□って？

それぞれのクイズには、□（チェック欄）がついています。

答えあわせをして、解けた問題にはチェックをし、解けなかったクイズに再度チャレンジしてください。

4、こんな使い方もできます！

市販のピンクやオレンジ色のペン＆赤い下敷きやクリアファイルを使えば、何度も繰り返し問題を解くことができます。

あらかじめ解答欄にピンクやオレンジ色のペンで答えを記してから、ページの上に赤い下敷きやクリアファイルを当てると、答えが見えなくなります。

全問正解を目指して、繰り返しチャレンジしてみてください！

85ページから、クイズの答えがのっているよ！　答えあわせしたあと、クイズになっている聖書の箇所もぜひ読んで、確かめてみてね～！

もくじ

はじめに……………………………………………3
この本について………………………………………4

第1章 旧約聖書の基礎知識

初級編

○× クイズ……………………………10
4択クイズ……………………………11
穴埋めクイズ…………………………12
スペシャルクイズ……………………13

中級編

○×クイズ……………………………14
4択クイズ……………………………15
穴埋めクイズ…………………………16
スペシャルクイズ……………………17

上級編

○×クイズ……………………………18
4択クイズ……………………………19
穴埋めクイズ…………………………20
スペシャルクイズ……………………21

無差別級編

○×クイズ……………………………22
4択クイズ……………………………23
穴埋めクイズ…………………………24
スペシャルクイズ……………………25

第1章　小テスト……………………………26

この本の聖句引用や地名・人名は、
『聖書 新共同訳』に基づいています。

第2章 創世記～申命記

初級編

○×クイズ……28
4択クイズ……29
穴埋めクイズ……30
スペシャルクイズ……31

中級編

○×クイズ……32
4択クイズ……33
穴埋めクイズ……34
スペシャルクイズ……35

上級編

○×クイズ……36
4択クイズ……37
穴埋めクイズ……38
スペシャルクイズ……39

無差別級編

○×クイズ……40
4択クイズ……41
穴埋めクイズ……42
スペシャルクイズ……43

中間テスト……44

第3章 ヨシュア記～エステル記

初級編

○×クイズ……48
4択クイズ……49
穴埋めクイズ……50
スペシャルクイズ……51

中級編

○×クイズ……52
4択クイズ……53
穴埋めクイズ……54
スペシャルクイズ……55

上級編

○×クイズ……56
4択クイズ……57
穴埋めクイズ……58
スペシャルクイズ……59

無差別級編

○×クイズ……60　4択クイズ……61
穴埋めクイズ……62　スペシャルクイズ……63
第3章　小テスト……64

第4章　ヨブ記(き)〜マラキ書(しょ)

初級編

○×クイズ……66　4択クイズ……67
穴埋めクイズ……68　スペシャルクイズ……69

中級編

○×クイズ……70　4択クイズ……71
穴埋めクイズ……72　スペシャルクイズ……73

上級編

○×クイズ……74　4択クイズ……75
穴埋めクイズ……76　スペシャルクイズ……77

無差別級編

○×クイズ……78　4択クイズ……79
穴埋めクイズ……80　スペシャルクイズ……81
総合テスト……82

答え

第1章答え……86　第2章答え……87
第3章答え……88　第4章答え……89
第1章小テスト・中間テスト答え…90　第3章小テスト・総合テスト答え…91

あとがき……92

第1章

旧約聖書の基礎知識

この章では、
旧約聖書の全般的なこと、
暦や旧約聖書に登場する生き物に
ついても扱います。

第1章 旧約聖書の基礎知識

初級編

正解したものにチェックを入れておくと便利です！

Q1. 旧約聖書は新約聖書より長く、分量がある。

答（　　）

Q2. 旧約聖書の文書数は続編（カトリックの第二正典）を除くと、43 である。

答（　　）

Q3. 旧約聖書を書いたのはルターである。

答（　　）

Q4. 旧約聖書の「約」は、契約（あるいは約束）を意味する。

答（　　）

Q5. 旧約聖書のいちばん最初にのっている文書は、「詩編」である。

答（　　）

Q6. 旧約聖書は、もともとラテン語で書かれた。

答（　　）

4択クイズ

Q1. 旧約聖書を聖典としている宗教は？　答（　　）

①キリスト教　②仏教　③神道　④ヒンドゥー教

Q2. 旧約聖書に登場する人物は？　答（　　）

①イエス　②ピラト　③ザビエル　④アブラハム

Q3. 旧約聖書の人々がよく食べていたのは？　答（　　）

①うどん　②パン　③お米　④そば

Q4. イスラエルのあたりでいちばん大きな湖は？　答（　　）

①カスピ海　②ガリラヤ湖

③死海（塩の海）　④ミシガン湖

Q5. イスラエルの王だったのは？　答（　　）

①ソロモン　②サムエル　③モーセ　④アウグストゥス

Q6. 旧約聖書における、イスラエルの部族の数は？　答（　　）

①10　②12　③14　④16

「聖典」と「正典」って
何がちがうのかな？
ぜひ辞書や事典で調べてみてね！

第1章 旧約聖書の基礎知識

初級編

Q1. 旧約聖書で2番目に置かれている文書は、「出○○○○記」。

Q2. ソロモンが完成させた神殿があった場所（町）の名前は、○○○○○。

Q3. 旧約聖書の三大預言書と呼ばれるのは、イザヤ書、エレミヤ書、そして○○○○○書である。

Q4. 「ペリシテ人の土地」という意味を持つ場所（地域）の名前は、○○○○○。

Q5. 古い伝統において、創世記・出エジプト記・レビ記・民数記・申命記を記したとされている人の名前は、○○○。

スペシャルクイズ

旧約聖書の登場人物ではないのは誰！？

旧約聖書には登場しない人の名前を下のなかから見つけて書き出してみましょう。

答

、　　　　　、　　　　　、

第1章

旧約聖書の基礎知識

○×クイズ

正解したものにチェックを入れておくと便利です！

Q1. キリスト教の旧約聖書とユダヤ教の聖書は、文書の並び順が異なる。

答（　　）

Q2. 「小預言書」と呼ばれる文書の数は、14 である。

答（　　）

Q3. 旧約聖書に出てくる「契約」は、シナイ契約のみである。

答（　　）

Q4. 旧約聖書（続編を除く）のいちばん最後にのっている文書は、「マラキ書」である。

答（　　）

Q5. 旧約聖書でいちばん短い文書は、「ヨナ書」である。

答（　　）

Q6. 旧約聖書の一部は、もともとアラム語で書かれていた。

答（　　）

4択クイズ

チェック欄

Q1. 「モーセ五書」に含まれるのは？　答（　　）

①ヨブ記　②イザヤ書　③レビ記　④ヨハネの黙示録

Q2. 旧約聖書に登場しない人物は？　答（　　）

①メルキゼデク　②ヨセフ　③キュロス　④バルナバ

Q3. 旧約聖書に登場しない動物は？　答（　　）

①カメレオン　②ツバメ　③ゾウ　④熊

Q4. 旧約の時代、王や祭司、預言者になる人の頭に注がれたものは？　答（　　）

①ヨルダン川の水　②油　③ぶどう酒　④海水

Q5. 預言者ではないのは？　答（　　）

①エレミヤ　②ミカ　③ナフタリ　④エリヤ

Q6. イスラエルの王国の組み合わせで正しいのは？　答（　　）

①東イスラエル・西ユダ　②西ユダ・東イスラエル
③北ユダ・南イスラエル　④南ユダ・北イスラエル

「予言」と「預言」は、意味が違うよ。
辞書や事典でたしかめてみてね！

第1章 旧約聖書の基礎知識

中級編

Q1. 旧約聖書のほとんどの部分は、もともと○○○○語で書かれた。

Q2. イスラエルの歴史において、最初に王となったのは、○○○である。

Q3. 子どもたちに「はげ頭」とからかわれた預言者は、○○○○である。（列王記下2章）

Q4. 「約束の地」とされる場所の地名（地域名）は、○○○である。

Q5. ヤコブが、格闘した相手によって与えられた新たな名前は○○○○○。（創世記32章）

スペシャルクイズ

荒れ野の旅の順序は？

40 年にわたる荒れ野の旅。イスラエルの人がどのような旅路をたどったか、A から G を正しい順番に並べてみましょう。

A　十戒が与えられる

B　マラで苦い水を飲めず、モーセに不平を言う

C　蜜の入ったウェファースのようなマナが与えられる

D　葦の海が 2 つに割れる

E　金で若い雄牛（金の子牛）の像を造る

F　幕屋が完成する

G　アマレクと戦う

このクイズは、出エジプト記における荒れ野の旅の旅程に基づいているよ！

第1章 旧約聖書の基礎知識

正解したものにチェックを入れておくと便利です！

Q1. ユダヤ教では「律法」のことを「ネビイーム」と呼ぶ。

（答　　）

Q2. 紀元前３～１世紀ごろに作られた、ギリシア語による旧約聖書を「七十人訳聖書」という。

（答　　）

Q3. ユダヤ教が正典を決めたと伝えられる会議を「アレクサンドリア会議」という。

（答　　）

Q4. 私たちの旧約聖書（新共同訳、聖書協会共同訳、口語訳、新改訳、フランシスコ会訳）は、「レニングラード写本」に基づいている。

（答　　）

Q5. 1947年にクムラン周辺で発見された写本群を「ガリラヤ文書」という。

（答　　）

Q6. 「ダニエル書」には、アラム語が用いられている部分がある。

（答　　）

4択クイズ

Q1. 預言書に含まれないのは？　　答（　　）

①ハバクク書　②ゼカリヤ書　③エレミヤ書　④バルク書

Q2. おそらく旧約聖書の人々も飲んでいたのは？　　答（　　）

①ビール　②ウイスキー　③紹興酒　④マッコリ

Q3. 新約聖書において、最も多く引用される旧約聖書の文書は？　　答（　　）

①創世記　②出エジプト記　③詩編　④イザヤ書

Q4. 旧約聖書において、「詩編」の次に置かれている文書は？　　答（　　）

①箴言　②エステル記　③ヨブ記　④エズラ記

Q5. 北イスラエル王国は、何回王朝が変わった？　　答（　　）

①3回　②5回　③8回　④11回

Q6. イスラエル12部族に含まれるのは？　　答（　　）

①アブネル　②アビシャグ　③アシェル　④アンナス

イスラエル12部族のうち、
いくつぐらい覚えているかな〜？

第1章 旧約聖書の基礎知識

上級編

穴埋めクイズ

Q1. ユダヤ教では、聖書のことを「律法」「預言者」「諸書」のヘブライ語表記のそれぞれ頭文字から◯◯◯（＊カタカナ）という。

Q2. 旧約聖書における「主」をアルファベットの大文字4字で表すと◯◯◯◯である。

Q3. ヘブライ語で「歌の歌」（「最高の歌」の意味）と称される旧約聖書の文書は、◯◯である。

Q4. 南ユダ王国にいた女王の名前は、◯◯◯◯である。

Q5. 「慰める者」という意味の名前を持つ預言者は、◯◯◯である。

スペシャルクイズ

聖書に描かれる祭り・暦

聖書には、さまざまな祭りや季節の様子が記されています。①～③にふさわしい言葉を書き入れましょう。

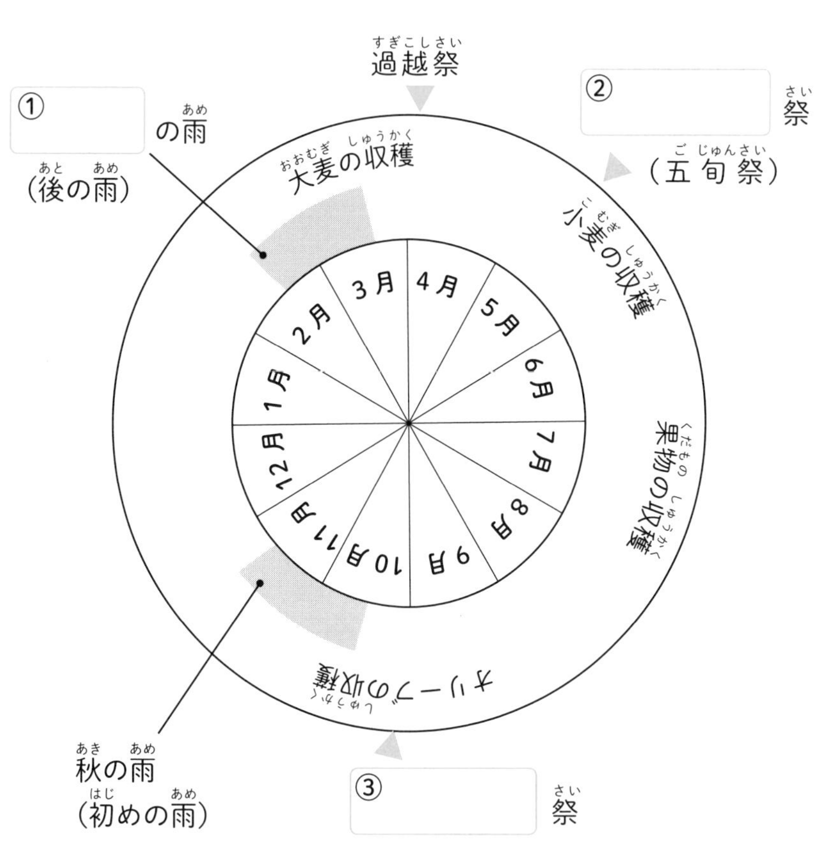

第1章 旧約聖書の基礎知識

無差別級編

正解したものにチェックを入れておくと便利です！

Q1. ヘブライ語の「アーメン」は、「そう（真実）です」「そのよう（確か）になりますように」といった意味である。

答（　　）

Q2. 旧約聖書として収められる文書の数は、プロテスタント、カトリックともに同じである。

答（　　）

Q3. 北イスラエル王国は、何度も首都が変わった。

答（　　）

Q4. バビロン捕囚は、紀元前６世紀の出来事である。

答（　　）

Q5. エズラ記・ネヘミヤ記は、バビロン捕囚より前のことを描いている。

答（　　）

Q6. ユダヤ教の安息日は日曜日である。

答（　　）

４択クイズ

Q1. 十戒がのっている、出エジプト記以外の文書は？

答（　　）

①創世記　②レビ記　③民数記　④申命記

Q2. 「知恵文学」のジャンルに入らないのは？

答（　　）

①ヨブ記　②箴言　③哀歌　④コヘレトの言葉

Q3. 列王記と似た内容が記されているのは？

答（　　）

①民数記　②歴代誌　③エズラ記　④箴言

Q4. 旧約聖書で最も長い一節があるのは？

答（　　）

①サムエル記　②ヨブ記　③エズラ記　④エステル記

Q5. 有名なフォークダンスの歌詞にも登場するヘブライ語、「マイム」。その意味は？

答（　　）

①水　②土　③火　④天

Q6. 神殿の前廊の前の南側に立てられた柱の名前は？

答（　　）

①ヤキン　②ヤコブ　③ボアズ　④ヨセフ

第1章 旧約聖書の基礎知識

無差別級編

穴埋めクイズ

Q1. 「(私の) 主人」という意味の名前を持ち、旧約聖書でたびたび非難される異教の神の名前は、〇〇〇。

Q2. 南ユダ王国の首都エルサレムが陥落したあと、多くのイスラエルの人々が捕囚に連れて行かれた場所は、〇〇〇〇。

Q3. もともとは「油注がれた者」を意味し、やがて「救い主」をもさすようになった言葉は、〇〇〇。

Q4. ヘブライ語聖書に欄外注とテキストの母音をつけた学者たちを〇〇〇学者という。

Q5. 「神」を意味するヘブライ語は、〇〇〇〇〇(*4文字でもOK!)。

スペシャルクイズ

チェック欄

聖書に登場する動物&生き物

聖書には、人間以外のさまざまな動物や生き物が登場します。説明と名前が合うように、数字とアルファベットを線でつなぎましょう。

「これこそ神の傑作」。牛のように草を食べ、川が押し流そうとしても動じない。(ヨブ記40章) ① A レビヤタン

「両目からは光を放ち、口からは火を噴く。心臓は石のようにかたい」。(ヨブ記40～41章) ② B ロバ

朝にはパンと肉を、夕にもパンと肉を運び、エリヤを養った。(列王記上17章) ③ C ベヘモット

バラムに杖で打たれ、「わたしがあなたに何をしたというのですか。3度もわたしを打つとは」と訴えた。(民数記22章) ④ D カラス

小テスト

Q1. 旧約聖書における、イスラエルの部族の数は？

答（　　　　　　　　　　）

Q2. 「そう（真実）です」「そのよう（確か）になりますように」といった意味を表すヘブライ語は？

答（　　　　　　　　　　）

Q3. ユダヤ教三大祭りの一つであり、イスラエルの人々が秋に祝ったお祭りは？

答（　　　　　　　　　　）

Q4. イスラエルの歴史において、最初に王となったのはだれ？

答（　　　　　　　　　　）

Q5. 紀元前３～１世紀ごろに作られた、ギリシア語による旧約聖書を何と呼ぶ？（日本語で表記してください）

答（　　　　　　　　　　）

第２章

創世記〜申命記

この章では、
創世記、出エジプト記、レビ記、
民数記、申命記について扱います。

第2章 創世記〜申命記

初級編

正解したものにチェックを入れておくと便利です！

Q1. アダムとエバの子、カインとアベル。アベルが兄である。(創世記4章)

(答　　)

Q2. ヤコブの双子の兄は、ラバンである。(創世記25章)

(答　　)

Q3. 荒れ野の旅の途中、食べ物がないことに不満を言う民に、主はマナやうずらをもたらした。(出エジプト記16章)

(答　　)

Q4. モーセが「十戒」を授かっているとき、イスラエルの人々が造っていたのは「銀の小馬」である。(出エジプト記32章)

(答　　)

Q5. レビ族は、祭司の職務を担った家系である。

(答　　)

Q6. モーセが最期を迎えた場所は、ネボ山である。

(答　　)

チェック欄

□ **Q1.** ノアと契約を結んだときに、神が契約のしるしとして示したものは？（創世記 9 章）　　答（　　）

①稲妻　②月　③雪　④虹

□ **Q2.** 主が硫黄の火を降らせ、滅ぼした町の名前は？（創世記 19 章）　　答（　　）

①ゴジラ　②ゴメス　③ゴモラ　④ゴリラ

□ **Q3.** 神の召命を受けて、75 歳でハランを出発した人は？（創世記 12 章）　　答（　　）

①パウロ　②モーセ　③アブラハム（アブラム）　④アダム

□ **Q4.** エジプトの王は何と呼ばれている？　　答（　　）

①ファラオ　②メレク　③ツァーリ　④カエサル

□ **Q5.** モーセが「十戒」を授かった山は？（出エジプト記 19 章）　　答（　　）

①アララト山　②ゲリジム山　③シナイ山　④タボル山

□ **Q6.** イサクの妻の名前は？（創世記 24 章）　　答（　　）

①サラ　②リベカ　③ミリアム　④アナスタシア

第2章 創世記～申命記

初級編

穴埋めクイズ

Q1. 神によってつくられた人（アダム、エバ）が最初に住んでいたのは、〇〇〇の園。（創世記 2 章）

Q2. 人々が「天まで届く塔のある町を建て、有名になろう」と作ろうとした町の名前は、〇〇〇。（創世記 11 章）

Q3. イシュマエル人によってヨセフが連れて行かれた国の名前は、〇〇〇〇。（創世記 37 章）

Q4. モーセの兄の名前は、〇〇〇。（出エジプト記 7 章など）

Q5. モーセの後継者として人々を約束の地に導いた人の名前は、〇〇〇〇。（申命記 31 章）

スペシャルクイズ

創世記の登場人物

創世記に登場する人たちの説明と名前が合うように、数字とアルファベットを線でつなぎましょう。

神に命じられ、息子のイサクを山でささげようとした。（創世記22章） ① A ヨセフ

洪水から逃れるため、箱舟を作って、家族や動物たちと乗船。（創世記6～8章） ② B アブラハム

兄たちに疎まれ、エジプトへ。その地でファラオの夢を解き、大出世！（創世記37章以下） ③ C ノア

身ごもるものの、自分の主人であるサラ（イ）につらくあたられて逃亡。その後イシュマエルを産む。（創世記16章ほか） ④ D ハガル

第2章

創世記～申命記

○×クイズ

正解したものにチェックを入れておくと便利です！

Q1. 洪水のとき、水が地上からひいた後に箱舟が止まった山は、ゲリジム山である。(創世記8章) （答　　）

Q2. サラがイサクを産んだとき、アブラハムは100歳であった。(創世記21章) （答　　）

Q3. モーセが召命を受けた場所は、神の山ホレブである。(出エジプト記3章) （答　　）

Q4. 「ツァフェナト・パネア」とは、ヨセフがファラオからもらった名前（エジプト名）である。(創世記41章) （答　　）

Q5. レフィディムにおいてイスラエルが戦ったのは、「メルキゼデク」である。(出エジプト記17章) （答　　）

Q6. イスラエルの人々は、エジプトで奴隷であったときにメロンを食べていた。(民数記11章) （答　　）

4択クイズ

Q1. ノアが箱舟の窓から最初に放った鳥は？（創世記 8 章）

答（　　　）

①ハト　②ツバメ　③カラス　④トビ

Q2. 「ヤーウェ・イルエ」の意味は？（創世記 22 章）

答（　　　）

①主は待っていてくださる。　②主は祝福をくださる。

③主は備えてくださる。　④主は休んでくださる。

Q3. ベニヤミンの母親の名前は？（創世記 35 章）

答（　　　）

①レア　②ジルパ　③ビルハ　④ラケル

Q4. 神がエジプトに下した「10 の災い」。最初に下された災いは？（出エジプト記 7 ～ 11 章）

答（　　　）

①いなごの災い　②血の災い

③蛙の災い　④あぶの災い

Q5. レビ記 11 章の規定により、食べることが許されているのは？

答（　　　）

①エビ　②タコ　③サケ　④イカ

Q6. 出エジプト記において、「十戒」は何章に記されている？

答（　　　）

① 10 章　② 20 章　③ 30 章　④ 40 章

第2章

創世記〜申命記

中級編

Q1. ノアの息子の名前は、セム、○○、ヤフェト。（創世記 10 章）

Q2. ヤコブが何者かと格闘をした場所は、○○○○。（創世記 32 章）

Q3. 自分の家の奴隷であったヨセフを誘惑した女性は、○○○○○○の妻。（創世記 39 章）

Q4. モーセのしゅうとであるエトロ（レウレル）は、○○○○○の祭司であった。（出エジプト記 3 章）

Q5. 神に特別な誓いを立て、ぶどうの実から作られたもの（ぶどう酒など）を断つ人々を、○○○人と呼ぶ。（民数記 6 章）

スペシャルクイズ

「10の災い」でないものはどれ？

主がエジプトの国で行った「10の災い」。では、その災いに含まれないものはどれでしょう？　下のなかから選んで書き出してみましょう。

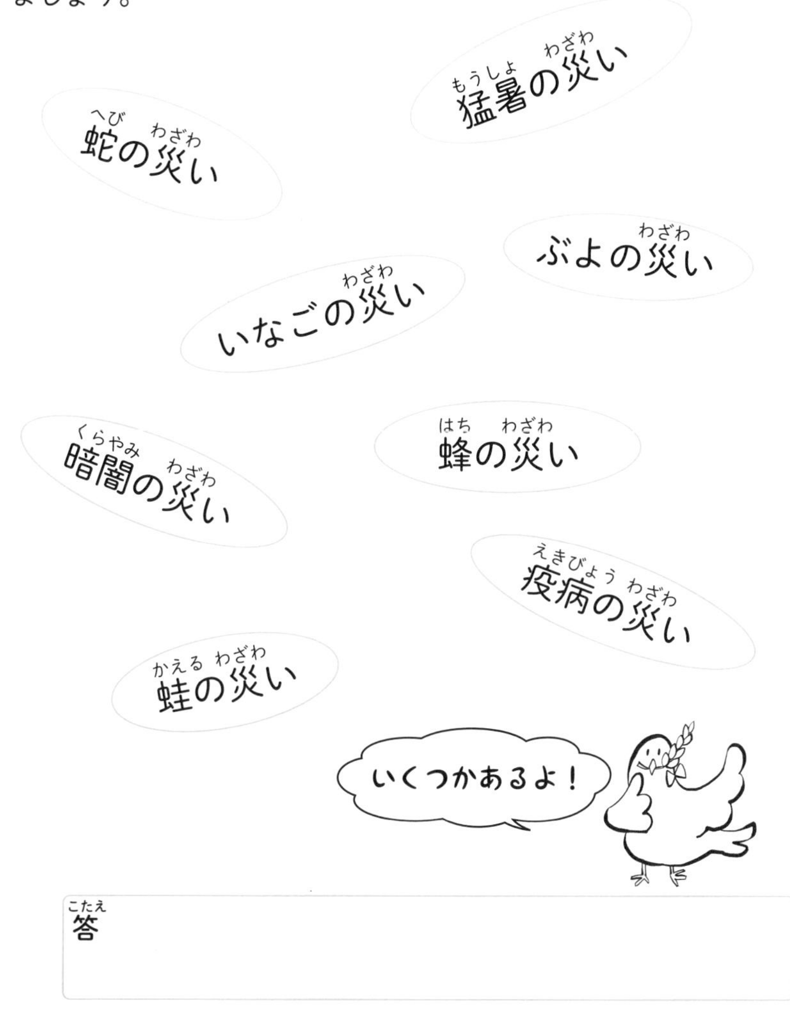

第2章 創世記〜申命記

正解したものにチェックを入れておくと便利です！

Q1. 天地創造のとき、神が創造に要した日数は7日間である。(創世記1章) (答　)

Q2. 洪水が起きたとき、ノアは700歳であった。(創世記7章) (答　)

Q3. 蛇にかまれても、モーセが造った青銅の蛇を仰げば命を得ることができるとされた。(民数記21章) (答　)

Q4. 末の弟ベニヤミンが奴隷になる代わりに「自分を奴隷にしてください」と嘆願したヨセフの兄は、ルベンである。(創世記44章) (答　)

Q5. 申命記には、親に反抗する息子に関する規定がある。 (答　)

Q6. 幕屋は、くじらの皮によっても覆われていた。(出エジプト記26、36章) (答　)

4択クイズ

Q1. 天地創造のとき、草や木が作られたのは何日目？（創世記1章）　答（　　）

①2日目　②3日目　③4日目　④5日目

Q2. アダムとエバの孫の名前は？（創世記4章）　答（　　）

①エノシュ　②セト　③アベル　④ノア

Q3. ヨセフはいくらでイシュマエル人に売られた？（創世記37章）　答（　　）

①金15枚　②銀20枚　③銅30枚　④わからない

Q4. 葦の海の水が分かれたのは、モーセがどのようなことをしたとき？（出エジプト記14章）　答（　　）

①大声で叫んだ　②杖で地面をついた

③踊った　④手を海にさしのべた

Q5. 出エジプト記23章19節に基づき、ユダヤ教で食べることができないとされているのは？　答（　　）

①てりやきバーガー（牛肉）　②フィッシュバーガー

③ビーフハンバーガー　④チーズバーガー（牛肉）

Q6. シナイ山と同じ山であるのは？（申命記4章）　答（　　）

①アトス山　②ホレブ山　③カルメル山　④アララト山

第2章 創世記〜申命記

穴埋めクイズ

Q1. エデンの園から流れていた4つの川の名前は、◯◯◯◯、ギホン、チグリス、ユーフラテス。（創世記2章）

Q2. アブラハムの妻サライ（サラ）の女奴隷であるハガルは、◯◯◯◯人であった。（創世記16章）

Q3. ヤコブの妻ラケルの召し使いであるビルハが産んだふたり目の子どもの名前は、◯◯◯◯。（創世記30章）

Q4. エジプトにおける「10の災い」のうち、1つ目の災いが起きた川の名前は、◯◯◯。（出エジプト記7章）

Q5. 荒れ野の旅のときに通った、12の泉と70本のなつめやしがあった場所の名前は、◯◯◯。（出エジプト記15章、民数記33章）

スペシャルクイズ

創世記の登場人物・地名

下のマスのなかには、創世記に登場する人の名前や地名が10個隠されています。それらの名前を○で囲ってみましょう（タテ・ヨコ・ナナメ・下から・右からなど、縦横無尽にあります）。

○で囲われなかった文字を組み合わせると、どのような言葉になるでしょうか？

（例）

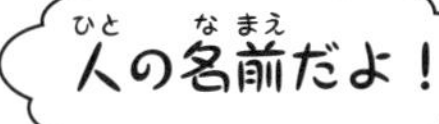

人の名前だよ！

ア	ブ	ラ	ム	ユ
ベ	ビ	サ	ト	ダ
ル	ロ	メ	ア	イ
ベ	テ	ル	レ	サ
ペ	リ	シ	テ	ク

答

第2章 創世記～申命記

無差別級編

○×クイズ

正解したものにチェックを入れておくと便利です！

Q1. 創世記2章において、神は人間を「土の塵」から作られた。 答（　）

Q2. 「目には目を、歯には歯を」という言葉は、創世記～申命記に登場する。 答（　）

Q3. ハガルが呼んだ主の御名は「エル・ロイ」である。（創世記16章） 答（　）

Q4. ヨセフの兄たちが最初にエジプトに下った理由は、ヨセフに会いたかったからである。（創世記42章） 答（　）

Q5. ヨシュアの本名は、ホシェアである。（民数記13章） 答（　）

Q6. アダムは900歳以上生きた。（創世記5章） 答（　）

Q1. 神が「決してその実を食べてはならない」とアダムに命じた木は？（創世記2章）　答（　　）

①善悪の知識の木　②命の木　③良心の木　④りんごの木

Q2. アブラハム（アブラム）が「割礼」をそのしるしとする契約を結んだのは何歳のとき？（創世記17章）　答（　　）

① 95歳　② 99歳　③ 103歳　④ 107歳

Q3. イサクは何歳のときに結婚した？（創世記25章）　答（　　）

① 20歳　② 30歳　③ 40歳　④ 50歳

Q4. 祭司のエフォド（胸当て）にはめ込まれる宝石に含まれていないのは？（出エジプト記28、39章）　答（　　）

①トルマリン　②ルビー　③エメラルド　④サファイア

Q5. 「自分自身を愛するように隣人を愛しなさい」という言葉が登場するのは、どこ？　答（　　）

①出エジプト記19章　②レビ記19章

③民数記19章　④申命記19章

Q6. アブラハムがイサクをささげようとした山がある場所の名前は？（創世記22章）　答（　　）

①モリヤ　②シオン　③バビロン　④ギルガル

第2章

創世記〜申命記

無差別級編

穴埋めクイズ

Q1. アブラハムがサラの死後、再度めとった女性の名前は、○○○。（創世記25章）

Q2. ヨセフの息子の名前は、○○○とエフライム。（創世記48章）

Q3. 「掟の箱」の上の「贖いの座」を覆っていたのは、一対の○○○○。（出エジプト記37章、民数記7章）

Q4. 50年ごとに訪れ、耕作地の安息、奴隷の解放などが行われる年のことを○○○の年という。（レビ記25章）

Q5. モーセが亡くなったネボ山の別名は、○○○。（申命記34章）

スペシャルクイズ

食べてよいもの、食べてはいけないもの

レビ記11章に描かれる「清いものと汚れたもの」。それに基づくと、どの食べ物は食べてよく、どの食べ物は食べてはいけないでしょうか？　下の表に書き入れてみましょう。

①ウナギの蒲焼き　②イナゴのつくだ煮　③タコ焼き

④イカの一夜干し　⑤サンマの塩焼き

⑥豚肉のしょうが焼き　⑦エビのチリソース炒め

⑧牛肉のすき焼き　⑨ハンバーガー（牛肉100%）

⑩サバの味噌煮

食べてよいもの	食べてはいけないもの

テスト

中間テスト

Q1. ソロモンが完成させた神殿があった場所（町）の名前は？

答（　　　　　　　　　　　　）

Q2. 旧約の時代、王や祭司、預言者になる人の頭に注がれたものは？

答（　　　　　　　　　　　　）

Q3. 旧約聖書に登場する、両目からは光を放ち、口からは火を噴く生き物の名前は？

答（　　　　　　　　　　　　）

Q4. モーセが十戒を授かっているとき、イスラエルの人々が造っていたものは？

答（　　　　　　　　　　　　）

Q5. イスラエル12部族のなかで、祭司の職務を担っていたのはどの部族？

答（　　　　　　　　　　　　）

Q6. ノアと契約を結んだときに、神が契約のしるしとして示したものは？

答（　　　　　　　　　　）

Q7. 神の召命を受けたアブラハム（アブラム）がハランを出発したときの年齢は？

答（　　　　　　　　　　）

Q8. モーセが十戒を授かった山の名前は？

答（　　　　　　　　　　）

Q9. 有名になろうとして、人々が「天まで届く塔」を建てた町の名前は？

答（　　　　　　　　　　）

Q10. モーセの後継者としてイスラエルの人々を約束の地に導いた人の名前は？

答（　　　　　　　　　　）

どれぐらい
解けたかな〜？

Q11. 神に命じられ、自分の息子のイサクをモリヤの山でささげようとした人の名前は？

答（　　　　　　　　　　）

Q12. イスラエルの人々がエジプトにいたとき、神がエジプトに下した災いは全部でいくつあった？

答（　　　　　　　　　　）

Q13. 神に特別な誓いを立て、ぶどう酒を断ち、髪の毛を切らない人々を何と呼ぶ？

答（　　　　　　　　　　）

Q14.「自分自身を愛するように隣人を愛しなさい」という言葉は、どの文書のどの章に登場する？

答（　　　　　　　　　　）

Q15. 耕作地の安息、奴隷の解放などが行われるヨベルの年は、何年ごとにあった？

答（　　　　　　　　　　）

第3章

ヨシュア記～エステル記

この章では、
ヨシュア記、士師記、ルツ記、
サムエル記上下、列王記上下、
歴代誌上下、エズラ記、ネヘミヤ記、
エステル記を扱います。

第3章 ヨシュア記～エステル記

初級編

○×クイズ　正解したものにチェックを入れておくと便利です！

Q1. ヨシュアやイスラエルの人々が、主が示された土地に入るために渡ったのは、チグリス川である。（ヨシュア記3章）
（答　　）

Q2. ヨシュアの死後、イスラエルの人々を導いた人を「士師」という。
（答　　）

Q3. ルツのしゅうとめの名前は、マラである。（ルツ記1章）
（答　　）

Q4. サムエルの母親の名前は、ミリアムである。（サムエル記上1章）
（答　　）

Q5. ダビデは、竪琴を弾くのが得意だった。（サムエル記上16章）
（答　　）

Q6. ナアマンの重い皮膚病をいやしたのは、預言者エリヤである。（列王記下5章）
（答　　）

Q1. エリコを偵察したとき、ヨシュアが遣わした者を守った女性は？（ヨシュア記 2 章） （答　　）

①ハガル　②ラハブ　③アハブ　④アハズ

Q2. サムエルが仕えていた祭司の名前は？（サムエル記上 2 章） （答　　）

①アリ　②サリ　③エリ　④ユリ

Q3. サウルの娘であったのは？（サムエル記上 14 章） （答　　）

①アヒノアム　②ハンナ　③アビガイル　④ミカル

Q4. エリヤが天にあげられるときに起こったのは？（列王記下 2 章） （答　　）

①嵐　②雷　③地震　④噴火

Q5. イスラエルの人々を捕囚から解放したペルシア王の名前は？（歴代誌下 36 章、エズラ記 1 章） （答　　）

①エリエゼル　②クセルクセス　③キュロス　④ダニエル

Q6. クセルクセス王の王妃となったユダヤ人の女性の名前は？（エステル記 2 章） （答　　）

①イゼベル　②エステル　③サロメ　④マーガレット

第3章

ヨシュア記～エステル記

初級編

穴埋めクイズ

Q1. サムソンの強さの秘密を知り、彼の髪の毛をそらせた女性の名前は、〇〇〇。（士師記16章）

Q2. 自分を呼ぶ主に向かってサムエルが言った言葉は、「お話しください。僕は〇〇〇おります」。（サムエル記上3章）

Q3. 少年ダビデが戦い、一つの石で倒したペリシテ人の名前は、〇〇〇〇。（サムエル記上17章）

Q4. イスラエルの王アハブの妻の名前は、〇〇〇〇。（列王記上16章）

Q5. エルサレムを陥落させ、南ユダ王国を滅亡させたのは〇〇〇〇の王ネブカドネツァル。（列王記下25章）

スペシャルクイズ

ヨシュア記からエステル記の登場人物

ヨシュア記からエステル記には、多くの人たちが登場します。説明と名前が合うように、数字とアルファベットを線でつなぎましょう。

ペルシアで王妃になったユダヤ人の女性。顔も姿もとっても美しかった！	①	A	**キュロス**
捕囚されていたイスラエル人にエルサレムに帰ることを許したペルシアの王。	②	B	**エステル**
エッサイの子どもで、サウル王に仕えたあと、王になった人。目は美しく、姿も立派！	③	C	**ネヘミヤ**
ユダヤ総督として、エルサレムに派遣されたペルシア人。	④	D	**ダビデ**

第3章 ヨシュア記～エステル記

正解したものにチェックを入れておくと便利です！

Q1. イスラエルにおける最初の士師はエフドである。（士師記3章） （答　　）

Q2. ソロモンはエルサレムで生まれた。（サムエル記下5章） （答　　）

Q3. ボアズとルツの間に授かった子どもの名前は、オベド。（ルツ記4章） （答　　）

Q4. サムエルが仕えた主の神殿があった場所は、ベツレヘム。（サムエル記上1、3章） （答　　）

Q5. ペリシテ人ゴリアトの身長は、6アンマ半（約3メートル）であった。（サムエル記上17章） （答　　）

Q6. 北イスラエル王国は、南ユダ王国よりも早く滅亡した。（列王記下17章以下） （答　　）

4択クイズ

Q1. サムソンが素手で裂いた動物は？（士師記 14 章）

答（　　）

①狼　②獅子　③熊　④うさぎ

Q2. 祭司エリのころ、主の契約の箱を奪ったのは？（サムエル記上 4 章）

答（　　）

①アンモン人　②モアブ人　③アラム人　④ペリシテ人

Q3. 死んだサムエルの霊を呼び起こしてもらうために、サウルが訪ねていったのは？（サムエル記上 28 章）

答（　　）

①口寄せの女　②幕屋　③魔術師シモン　④祭司

Q4. 預言者エリヤがバアルの預言者たちと対決した場所は？（列王記上 18 章）

答（　　）

①カルメル山　②ゲリジム山　③タボル山　④ホレブ山

Q5. クセルクセス王の大臣であり、ユダヤ人根絶を企てた人の名前は？（エステル記 3 章）

答（　　）

①モルデカイ　②ヨシャファト　③ハマン　④ネヘミヤ

Q6. アッシリアの王センナケリブがユダを攻めたときに南ユダの王だったのは？（列王記下 18 章）

答（　　）

①ヤロブアム　②ヘロデ　③ヒゼキヤ　④ヨシヤ

第3章 ヨシュア記～エステル記

中級編

穴埋めクイズ

Q1. カナンを征服したあと、ヨシュアがイスラエル12部族を集めて結んだ契約を「○○○契約」という。（ヨシュア記24章）

Q2. 士師記に登場する、女預言者であり士師であった人の名前は、○○○。（士師記4章）

Q3. サウルの息子で、自分自身のようにダビデを愛した人の名前は、○○○○。（サムエル記上20章）

Q4. 預言者エリシャの従者だった人の名前は、○○○。（列王記下4章）

Q5. 捕囚からの帰還後、エルサレムで神殿再建などをリードした人の名前は、ゼルバベルと祭司○○○○○。（エズラ記3章以下）

スペシャルクイズ

士師でないのは誰だ？

「士師記」には、10人以上の士師が登場します。士師ではないのは誰でしょうか？　下のなかから選んで書き出してください。

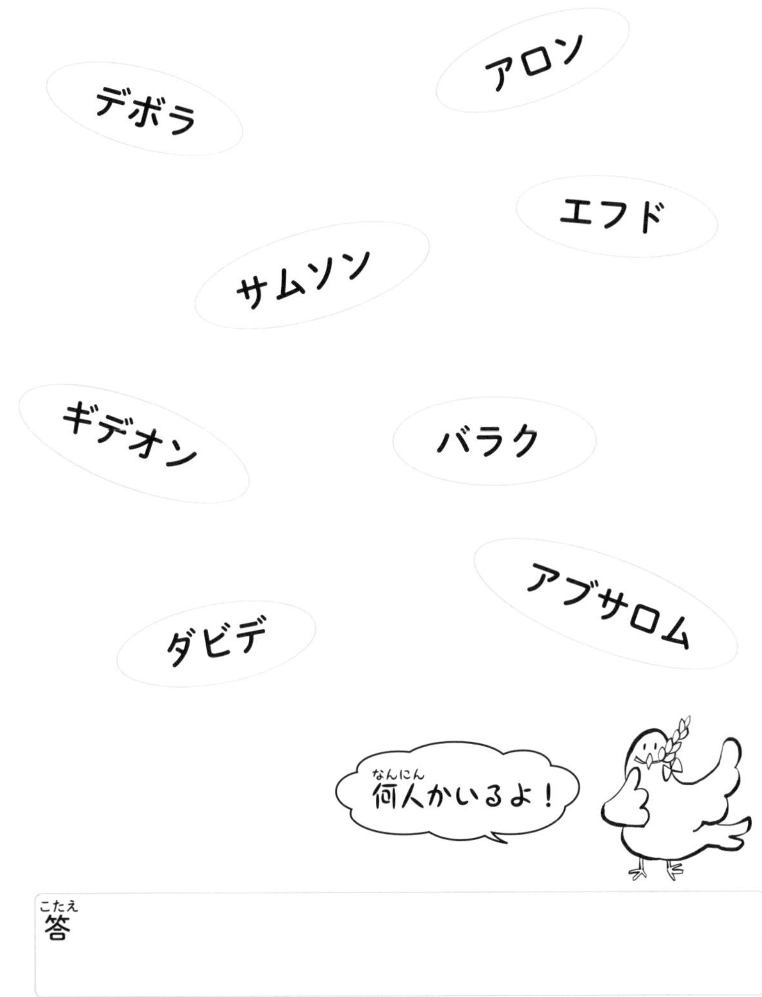

答

第3章 ヨシュア記～エステル記

上級編

正解したものにチェックを入れておくと便利です！

Q1. ほかの部族と同じように、レビ族にも嗣業の土地がある。(ヨシュア記13章)　（答　　）

Q2. ボアズは、ルツの義理の父（最初の夫マフロンの父）の親戚である。(ルツ記2章)　（答　　）

Q3. 神の箱がエルサレムの町に入るとき、跳ね躍るダビデが身につけていたのは、紫のマント。(サムエル記下6章)　（答　　）

Q4. 首都サマリアが陥落したときに北イスラエル王国の王だったのは、ホシェア。(列王記下17章)　（答　　）

Q5. ユダヤ（エルサレム）総督となったネヘミヤは、もともとペルシア王の書記官だった。(ネヘミヤ記1章)　（答　　）

Q6. ルツはダビデの曾祖母（おじいさんの母親）である。(ルツ記4章)　（答　　）

チェック欄

Q1. 次のうち、ヨルダン川の東側に嗣業の土地を受けた部族は？（ヨシュア記13章）　答（　　）

①エフライム族　②ダン族　③ベニヤミン族　④ガド族

Q2. ギデオンが持つ、ほかの呼び名は？（士師記6章）　答（　　）

①オトニエル　②エルバアル　③アビメレク　④ナタン

Q3. ルツが落ち穂ひろいで集めた大麦1エファは、大体何リットルぐらいの量？　答（　　）

①約3リットル　②約13リットル
③約23リットル　④約33リットル

Q4. 南ユダの王ゼデキヤのもともとの名前は？（列王記下24章）　答（　　）

①アタルヤ　②イワンヤ　③マタンヤ　④ゴランヤ

Q5. エルサレム神殿の再建が完了したのは、ダレイオス王の治世の第何年？（エズラ記6章）　答（　　）

①第6年　②第8年　③第10年　④第12年

Q6. 士師の名前であるのは？（士師記10章）　答（　　）

①サル　②トリ　③トラ　④ネコ

第3章 ヨシュア記～エステル記

Q1. 自らが主に誓った言葉のゆえに娘をささげた士師の名前は、〇〇〇。（士師記 11 章）。

Q2. ボアズが住んでいた町の名前は、〇〇〇〇〇。（ルツ記 2 章）

Q3. 預言者ナタンがソロモンにつけた別名は、〇〇〇〇〇。（サムエル記下 12 章）

Q4. 捕囚からの帰還後、エルサレムにおける神殿再建のときに活躍した預言者は、〇〇〇とゼカリヤ。（エズラ記 5～6 章）

Q5. クセルクセス王は〇〇〇からクシュに至る 127 州を支配していたとされる。（エステル記 1 章）

スペシャルクイズ

南ユダ王国・北イスラエル王国の王たち

年表を見ながら、①〜③の欄に南ユダ王国と北イスラエル王国の王たちの名前を書き入れてみましょう。

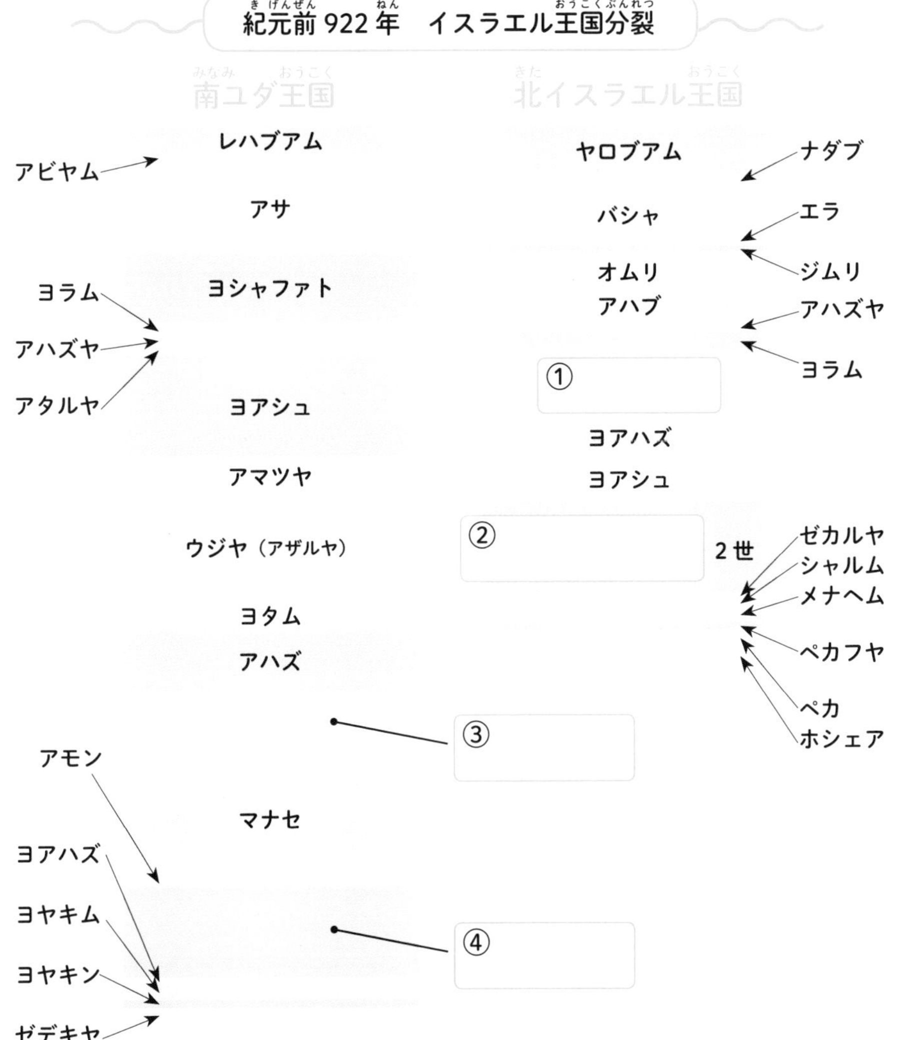

第3章 ヨシュア記～エステル記

無差別級編

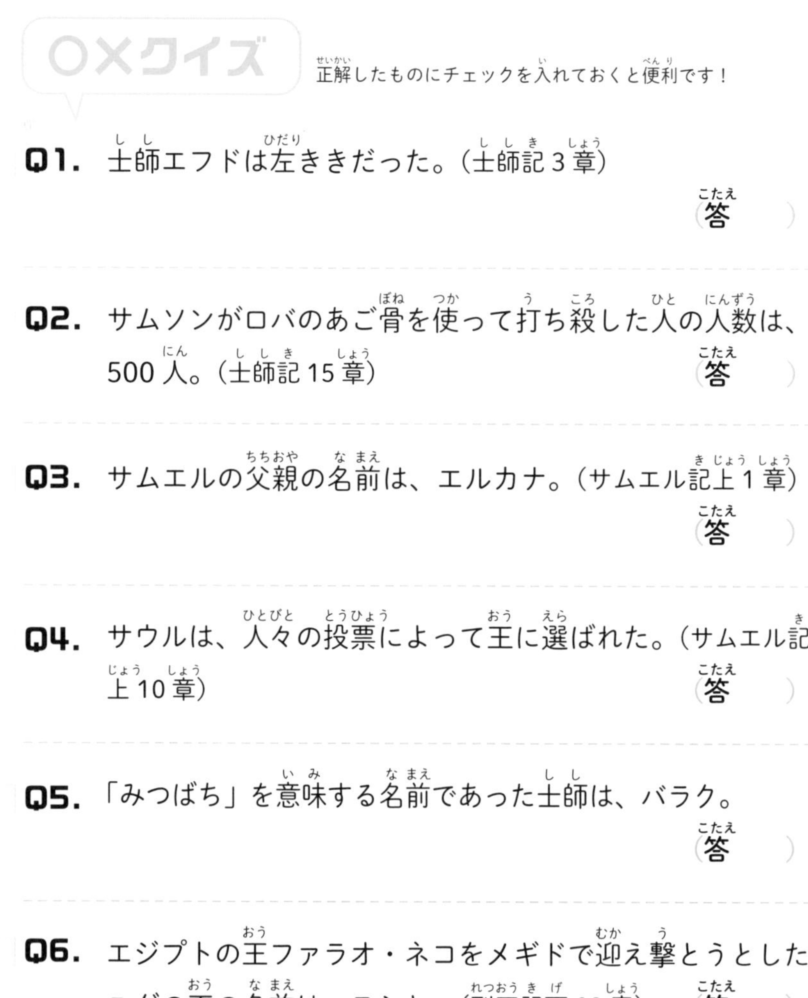

○×クイズ

正解したものにチェックを入れておくと便利です！

Q1. 士師エフドは左ききだった。（士師記 3 章）

（答　　）

Q2. サムソンがロバのあご骨を使って打ち殺した人の人数は、500 人。（士師記 15 章）

（答　　）

Q3. サムエルの父親の名前は、エルカナ。（サムエル記上 1 章）

（答　　）

Q4. サウルは、人々の投票によって王に選ばれた。（サムエル記上 10 章）

（答　　）

Q5. 「みつばち」を意味する名前であった士師は、バラク。

（答　　）

Q6. エジプトの王ファラオ・ネコをメギドで迎え撃とうとしたユダの王の名前は、ヨシヤ。（列王記下 23 章）

（答　　）

Q1. ヨシュアが征服した「5人の王」に含まれないのは？（ヨシュア記10章）　答（　　）

①デビル　②ヤフィア　③ピルアム　④シャムガル

Q2. 士師エフタが帰宅したとき、その娘が打ち鳴らしていたものは？（士師記11章）　答（　　）

①鍋　②太鼓　③鼓　④竪琴

Q3. ヤロブアムが金の子牛（の像）を置いた場所は、ベテルとどこ？（列王記上12章）　答（　　）

①エルサレム　②ダン　③シロ　④エリコ

Q4. アハブに嗣業の土地（ぶどう畑）を譲るよう言われ、断った人の名前は？（列王記上21章）　答（　　）

①アハズ　②ヨシュア　③ナボト　④ゲハジ

Q5. 捕囚から帰還後のエルサレムにおいて、宗教改革を行った人は？　答（　　）

①エズラ　②エレミヤ　③ヨシヤ　④ルター

Q6. 南ユダの王ヒゼキヤが病気のときに訪ねてきた預言者の名前は？（列王記下20章）　答（　　）

①イザヤ　②ヨナ　③ヨハネ　④エゼキエル

第3章 ヨシュア記〜エステル記

無差別級編

穴埋めクイズ

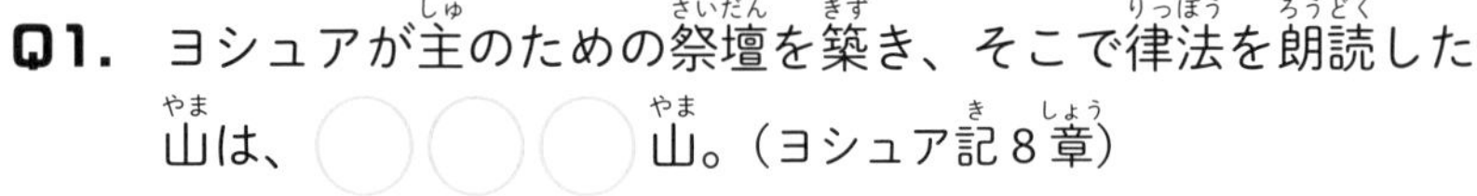

Q1. ヨシュアが主のための祭壇を築き、そこで律法を朗読した山は、○○○山。（ヨシュア記8章）

Q2. ルツの出身地は、○○○。（ルツ記1章）

Q3. 祭司エリの息子の名前は、ホフニと○○○○。（サムエル記上4章）

Q4. はるばるソロモンのことを訪ねてきたのは、○○○の女王。（列王記上10章）

Q5. 「快い」という意味を持つ名前は、○○○。（ルツ記1章）

スペシャルクイズ

イスラエル12部族の定住地

地図に示されている場所に住んでいたのはどの部族か、①～③にふさわしい部族の名前を書き入れましょう。

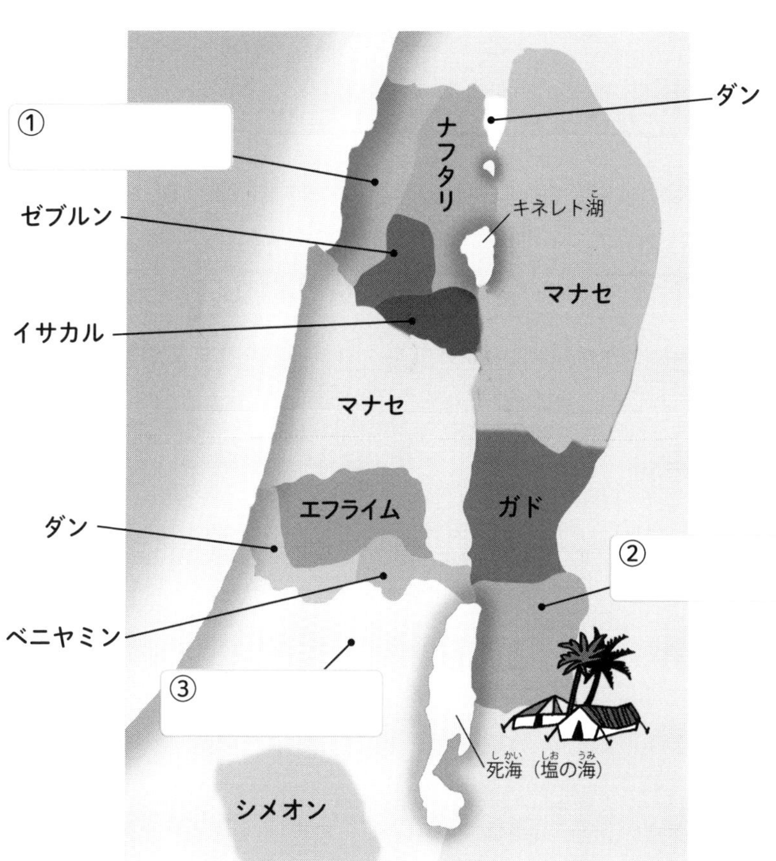

テスト

小テスト

Q1. ナアマンの重い皮膚病をいやしたのはだれ？

答（　　　　　　　　　　）

Q2. ボアズが住んでいた町の名前は？

答（　　　　　　　　　　）

Q3. サウルの息子で、自分自身のようにダビデを愛した人の名前は？

答（　　　　　　　　　　）

Q4. クセルクセス王の王妃となったユダヤ人の女性の名前は？

答（　　　　　　　　　　）

Q5. 預言者エリヤがバアルの預言者たちと対決した場所は？

答（　　　　　　　　　　）

第４章

ヨブ記～マラキ書

この章では、
ヨブ記、詩編、箴言、コヘレトの言葉、
雅歌、イザヤ書、エレミヤ書、哀歌、
エゼキエル書、ダニエル書、ホセア書、ヨエル書、
アモス書、オバデヤ書、ヨナ書、ミカ書、ナホム書、
ハバクク書、ゼファニヤ書、ハガイ書、
ゼカリヤ書、マラキ書について扱います。

第4章 ヨブ記〜マラキ書

初級編

○×クイズ

正解したものにチェックを入れておくと便利です！

Q1. 詩編は、全部で 200 編ある。

（答　　）

Q2. 伝統的に箴言の作者とされるのは、ソロモンである。（箴言 1 章）

（答　　）

Q3. イザヤ書は、全部で 66 章ある。

（答　　）

Q4. 伝統的に哀歌の作者とされるのは、イザヤである。

（答　　）

Q5. エゼキエルが召命を受けた場所は、エルサレムである。（エゼキエル書 1 章）

（答　　）

Q6. ホセアの妻の名前は、ゴメルである。（ホセア書 1 章）

（答　　）

4択クイズ

チェック欄

Q1. 伝統的に、詩編の作者とされるのは？　（答　　）

①サウル　②ダビデ　③ソロモン　④サムエル

Q2. 詩編 23 編において、主は何にたとえられている？
（答　　）

①漁師　②陶工　③ぶどう園の農夫　④羊飼い

Q3. コヘレトの言葉にある、「何事にも○○がある」。○○に入る言葉は？（コヘレトの言葉 3 章）　（答　　）

①時　②事情　③理由　④結果

Q4. ダニエルが投げ込まれた洞窟にいた動物は？（ダニエル書 6 章）　（答　　）

①熊　②狼　③ジャッカル　④獅子

Q5. ヨナ書に登場する植物は？（ヨナ書 4 章）　（答　　）

①恋なすび　②オリーブ　③とうごま　④レバノン杉

Q6. ミカ書で「野原の瓦礫の山とし、ぶどうを植える所とする」と言われ、紀元前 722 年ごろに陥落した北イスラエル王国の首都の名前は？（ミカ書 1 章）　（答　　）

①ヘブロン　②エルサレム　③サマリア　④バビロン

第4章 ヨブ記～マラキ書

初級編

穴埋めクイズ

Q1. 自身も捕囚民としてケバル川の河畔に住み、預言活動を行った預言者は、○○○○○。

Q2. 「○○○○の流れのほとりに座り　シオンを思ってわたしたちは泣いた」。（詩編137編）

Q3. 「見よ、おとめが身ごもって、男の子を産み　その名を○○○○○○と呼ぶ」。（イザヤ書7章）

Q4. 主の命令から逃げたあと、巨大な魚にのみこまれた預言者の名前は、○○。

Q5. 「わたしは○○○を愛し　エサウを憎んだ」。（マラキ書1章）

スペシャルクイズ

どの文書のことば？

聖書には、多くのすばらしい言葉が登場します。それぞれの言葉とその言葉が出てくる文書が合うように、数字とアルファベットを線でつなぎましょう。

「わたしは裸で母の胎を出た。裸でそこに帰ろう。主は与え、主は奪う。」	①	A	**イザヤ書**
「青春の日々にこそ、お前の創造主に心を留めよ。」	②	B	**ヨブ記**
「見よ、兄弟が共に座っている。なんという恵み、なんという喜び。」	③	C	**コヘレトの言葉**
「いかに美しいことか、山々を行き巡り、良い知らせを伝える者の足は。」	④	D	**詩編**

第4章

ヨブ記～マラキ書

中級編

○×クイズ

正解したものにチェックを入れておくと便利です！

□ **Q1.** 「家を建てる者の退けた石が　隅の親石となった」という言葉が登場するのは、詩編である。（答　　）

□ **Q2.** 「食事をするのは笑うため。酒は人生を楽しむため」という言葉が登場するのは、箴言である。（答　　）

□ **Q3.** 「闇の中を歩む民は、大いなる光を見」た、というのはイザヤ書の言葉である。（答　　）

□ **Q4.** エレミヤ書とエゼキエル書を比べると、エゼキエル書のほうが章が多い。（答　　）

□ **Q5.** エレミヤの預言を書きとめ、王の前で朗読した人の名前はバルクである。（エレミヤ書 36 章）（答　　）

□ **Q6.** 主の命令に逆らったヨナが向かおうとした場所は、タルシシュである。（ヨナ書 1 章）（答　　）

4択クイズ

Q1. ヨブの友人の名前ではないのは？（ヨブ記２章）

（答　　）

①シムシャイ　②エリファズ　③ツォファル　④ビルダド

Q2. 十字架上のイエスが叫んだ言葉が入っている詩編は？

（答　　）

①詩編１編　②詩編22編　③詩編23編　④詩編51編

Q3. コヘレトは、誰の子どもとされている？（コヘレトの言葉１章）

（答　　）

①ダニエル　②サウル　③ダビデ　④ソロモン

Q4. 英語の名前「ジェレマイア」は、どの預言者のこと？

（答　　）

①ゼカリヤ　②エゼキエル　③エレミヤ　④ゼファニヤ

Q5. 預言書に登場する「シオン」は、どの場所をさしている？

（答　　）

①バビロン　②エジプト　③サマリア　④エルサレム

Q6. イザヤ書によれば、セラフィムはいくつの翼を持っていた？（イザヤ書６章）

（答　　）

①２つ　②４つ　③６つ　④８つ

第4章 ヨブ記～マラキ書

中級編

穴埋めクイズ

Q1. 「人の生涯は〇〇（＊ひらがな）のよう。野の花のように咲く」。（詩編103編）

Q2. 預言書では、バビロンやバビロニアの人々のことを「〇〇〇〇人」という呼び方によって描く。（エレミヤ書21～22章など）

Q3. エレミヤは、ベニヤミンの地〇〇〇〇の祭司ヒルキヤの子であった。（エレミヤ書1章）

Q4. アモスは〇〇〇〇桑を栽培し、家畜を飼っていた。（アモス書7章）

Q5. 主がヨナに行くよう命じた場所の名前は、〇〇〇。（ヨナ書1章）

スペシャルクイズ

チェック欄 □

名前の意味を当ててみよう！

聖書に登場する人々の名前には、意味がこめられています。名前とその意味が合うように、線でつなぎましょう。

マラキ	①	A	神は強い（神は強める）
エゼキエル	②	B	ハト
ヨエル	③	C	主は神
ゼカリヤ	④	D	主は思い起こされる
ヨナ	⑤	E	わたしの使い

第4章

ヨブ記～マラキ書

上級編

○×クイズ

正解したものにチェックを入れておくと便利です！

Q1. ヨブが住んでいたのは、ウツという地である。（ヨブ記1章）

（答　　）

Q2. 詩編のなかでいちばん短いのは、詩編117編である。

（答　　）

Q3. イザヤは、紀元前7世紀に活躍した預言者である。

（答　　）

Q4. エレミヤが召命を受けたとき、南ユダの王はヨシヤであった。（エレミヤ書1章）

（答　　）

Q5. バビロンの侍従長によってダニエルに与えられた名前は、ベルテシャツァル。（ダニエル書1章）

（答　　）

Q6. ホセアは、南ユダ王国で活躍した預言者である。

（答　　）

4択クイズ

チェック欄

Q1. サムエル記下22章の歌とほぼ同じ内容が記されている詩編は？ （答　　）

①詩編15編　②詩編18編　③詩編21編　④詩編24編

Q2. 詩編によく登場する言葉「賛美せよ」をヘブライ語で表すと？ （答　　）

①ホサナ　②ホーイ　③エイカー　④ハレル

Q3. アモスが見た第4の幻において登場するものは？（アモス書8章） （答　　）

①春の果物　②夏の果物　③秋の果物　④冬の果物

Q4. イザヤ書に登場する畑は？（イザヤ書1章） （答　　）

①きゅうり畑　②きゃべつ畑　③オリーブ畑　④麦 畑

Q5. エゼキエルが召命を受けたとき、主が彼に食べさせたものは？（エゼキエル書3章） （答　　）

①パン　②火鋏　③ぶどう　④巻物

Q6. ぶどう酒を飲まない、家を建てない、種をまかない等の先祖の戒めを守ってくらしていた人々は？（エレミヤ書35章） （答　　）

①レカブ人　②ミディアン人　③レビ人　④カルデア人

第4章 ヨブ記～マラキ書

上級編

穴埋めクイズ

Q1. 箴言24章では、「神に従う人は〇（＊数字）度倒れても起き上がる」と言われる。

Q2. 「わたしは〇〇〇〇のばら、野のゆり」。（雅歌2章）

Q3. エレミヤ書において、エレミヤと同じような預言をしていたとされる預言者の名前は、〇〇〇。（エレミヤ書26章）

Q4. ベルシャツァル王が宴会を開いていたとき、壁に現われた文字は、「メネ、メネ、〇〇〇、そして、パルシン」。（ダニエル書5章）

Q5. 「ああ、〇〇〇〇〇よ　お前を見捨てることができようか」。（ホセア書11章）

スペシャルクイズ

旧約聖書の国名＆地名、山＆川！

聖書にはさまざまな国や地名、山や川が登場します。①～④のなかに、国名や地名、山や川の名前を書き入れてみましょう。

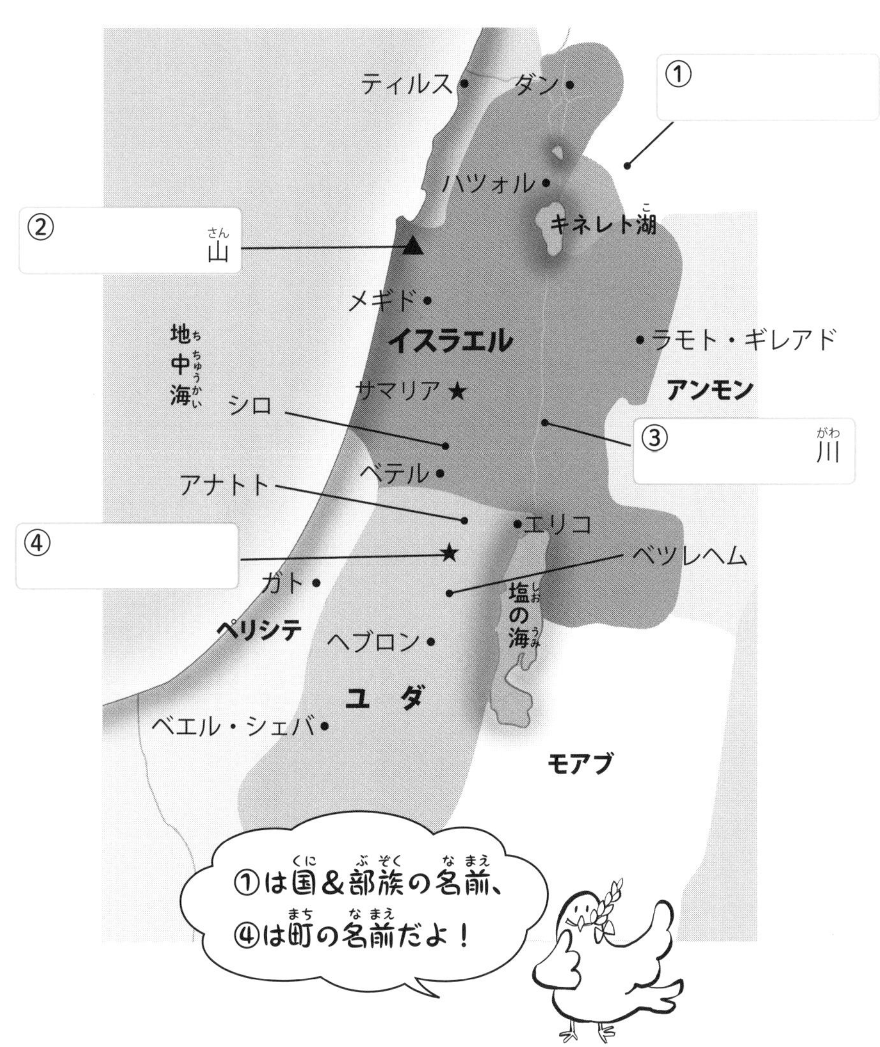

第4章 ヨブ記～マラキ書

無差別級編

正解したものにチェックを入れておくと便利です！

チェック欄

□ **Q1.** 詩編のなかでいちばん長いのは、詩編120編である。
（答　　）

□ **Q2.** イザヤ書では、終わりの日に主の教えが出るのはシオンである、とされている。（イザヤ書2章）
（答　　）

□ **Q3.** 雅歌において、「わたしの恋しい人」の髪は、カラスの羽にたとえられている。（雅歌5章）
（答　　）

□ **Q4.** 「イザヤ」という名前は、「主は救い」という意味である。
（答　　）

□ **Q5.** 哀歌は、「第1の歌」から「第7の歌」によって成り立っている。
（答　　）

□ **Q6.** ベツレヘムのユダ族からイスラエルを治める者が出る、と預言したのは、ナホムである。
（答　　）

4択クイズ

チェック欄

Q1. 神が造った星座である、とヨブが述べているのは？（ヨブ記9章）　答（　　）

①さそり座　②こぐま座　③しし座　④オリオン座

Q2. 詩編150編に登場しない楽器は？　答（　　）

①ラッパ　②角笛　③竪琴　④シンバル

Q3. エレミヤの召命のときに登場する植物は？（エレミヤ書1章）　答（　　）

①ぶどう　②ミルラ　③アーモンド　④いちじく

Q4. 箴言30章で「知恵者中の知恵者」とされているのは？　答（　　）

①ソロモン　②やもり　③先見者　③ふくろう

Q5. ハガイ書においては、主はゼルバベルを自分の何にすると言われている？（ハガイ書2章）　答（　　）

①宝　②飼業の地　③幕屋　④印章

Q6. ダニエル書に登場する大天使長の名前は？（ダニエル書10、12章）　答（　　）

①ミカエル　②ウリエル　③ガブリエル　④ザビエル

第4章

ヨブ記〜マラキ書

無差別級編

穴埋めクイズ

Q1. 北イスラエル王国を滅ぼした国の名前は、〇〇〇〇〇（帝国）。

Q2. 「ひとりよりも〇〇〇（＊ひらがな）が良い」。（コヘレトの言葉4章）

Q3. イザヤ書42章以下には、「主の〇〇〇（＊ひらがな）の歌」と呼ばれるものが数回登場する。

Q4. エルサレム陥落のあと、エレミヤが連れて行かれた場所は、〇〇〇〇。（エレミヤ書43章以下）

Q5. アモスが牧者として生きていた場所は、〇〇〇。（アモス書1章）

スペシャルクイズ

チェック欄 □

イスラエルの預言者たち

聖書には、預言者の言葉である「預言書」が収められています。年表を見ながら、その時代に活躍していた預言者の名前を①～③の□に書き入れてみましょう。

年代	活躍した預言者	出来事
（紀元前）900年		
850年	エリヤ	
800年		
750年		
700年	①	北イスラエル王国滅亡
650年		
600年	②	ヨシヤ王の宗教改革
550年		南ユダ王国滅亡
500年	③	エルサレム第二神殿完成

↔は、それぞれの預言者が活躍した時代だよ！

総合テスト

Q1. ヨシュアの死後、イスラエルの人々を導いた人を何と呼ぶ？

答（　　　　）

Q2. 捕囚されていたイスラエル人をエルサレムに帰すことを許したペルシアの王の名前は？

答（　　　　）

Q3. 小さいとき、主に「お話しください。僕は聞いております」と言い、やがて王になるサウルの頭に油を注いだ人は？

答（　　　　）

Q4. 北イスラエル王国と南ユダ王国。早く滅亡したのはどちらの国？

答（　　　　）

Q5. 士師記に登場する、女預言者であり士師であった人の名前は？

答（　　　　）

Q6. イスラエル12部族のなかで嗣業の土地を持っていなかったのは、どの部族？

答（　　　　　　　　　　）

Q7. もともとはペルシア王の献酌官で、やがてユダヤ（エルサレム）総督となった人の名前は？

答（　　　　　　　　　　）

Q8. バト・シェバとダビデの息子で、エディドヤという名前も持っていた人はだれ？

答（　　　　　　　　　　）

Q9. ナボトがアハブ王にそれを譲るように迫られたものは？

答（　　　　　　　　　　）

Q10. 伝統的に、詩編の作者とされている人の名前は？

答（　　　　　　　　　　）

Q11. 紀元前 722 年ごろに陥落した、北イスラエルの首都の名前は？

答（　　　　　　　　　　）

Q12. ニネベに行け、との主の命令に逆らってタルシシュに逃げようとした預言者の名前は？

答（　　　　　　　　　　）

Q13.「主の僕の歌」と呼ばれるものが登場する預言書は？

答（　　　　　　　　　　）

Q14. エゼキエルが召命を受けたとき、主が彼に食べさせたものは？

答（　　　　　　　　　　）

Q15. ダニエル書に登場する大天使長の名前は？

答（　　　　　　　　　　）

答(こた)え

さあ、
どれぐらい解(と)けたか
答(こた)え合(あ)わせ
してみましょう！

第1章

初級

〈○×クイズ〉Q1. ○ / Q2. ×（39）/ Q3. × / Q4. ○ / Q5. ×（創世記）/ Q6. ×（主にヘブライ語）
〈4択クイズ〉Q1. ① / Q2. ④ / Q3. ② / Q4. ③ / Q5. ① / Q6. ②
〈穴埋めクイズ〉Q1. エジプト / Q2. エルサレム / Q3. エゼキエル / Q4. パレスチナ / Q5. モーセ
〈スペシャルクイズ〉
フランチェスコ、ルター、パウロ、イエス

中級

〈○×クイズ〉Q1. ○ / Q2. ×（12）/ Q3. ×（多数ある）/ Q4. ○ / Q5. ×（オバデヤ書）/ Q6. ○
〈4択クイズ〉Q1. ③ / Q2. ④ / Q3. ③ / Q4. ② / Q5. ③ / Q6. ④
〈穴埋めクイズ〉Q1. ヘブライ / Q2. サウル / Q3. エリシャ / Q4. カナン / Q5. イスラエル
〈スペシャルクイズ〉
D → B → C → G → A → E → F

上級

〈○×クイズ〉Q1. ×（トーラー）/ Q2. ○ / Q3. ×（ヤムニア会議〔ヤブネ会議〕）/ Q4. ○ / Q5. ×（死海文書・クムラン文書）/ Q6. ○
〈4択クイズ〉Q1. ④ / Q2. ①（レビ 10:9 等に登場する「強い酒」は、大麦のビールであると考えられている）/ Q3. ③ / Q4. ① / Q5. ③ / Q6. ③
〈穴埋めクイズ〉Q1. タナハ（タナク）/ Q2.YHWH（JHWH）/ Q3. 雅歌（がか）/ Q4. アタルヤ / Q5. ナホム
〈スペシャルクイズ〉
①春、②七週、③仮庵

無差別級

〈○×クイズ〉Q1. ○ / Q2. ×（プロテスタントは 39、カトリックは 46）/ Q3. ○ / Q4. ○ / Q5. ×（捕囚後を描く）/ Q6. ×（土曜日）
〈4択クイズ〉Q1. ④ / Q2. ③ / Q3. ② / Q4. ④（エステル記 8:9）/ Q5. ① / Q6. ①（列王記上 7:21 ほか参照）
〈穴埋めクイズ〉Q1. バアル / Q2. バビロン / Q3. メシア / Q4. マソラ / Q5. エロヒーム（または、エロヒム）
〈スペシャルクイズ〉
①ー C、②ー A、③ー D、④ー B

第2章

初級

〈○×クイズ〉Q1. ×（カインが兄）/ Q2. ×（エサウ）/ Q3. ○ / Q4. ×（金の子牛）/ Q5. ○ / Q6. ○
〈4択クイズ〉Q1. ④ / Q2. ③ / Q3. ③ / Q4. ① / Q5. ③ / Q6. ②
〈穴埋めクイズ〉Q1. エデン / Q2. バベル / Q3. エジプト / Q4. アロン / Q5. ヨシュア
〈スペシャルクイズ〉
①ー B、②ー C、③ー A、④ー D

中級

〈○×クイズ〉Q1. ×（アララト山）/ Q2. ○ / Q3. ○ / Q4. ○ / Q5. ×（アマレク）/ Q6. ○
〈4択クイズ〉Q1. ③ / Q2. ③ / Q3. ④ / Q4. ② / Q5. ③（サケにはうろこがあるので）/ Q6. ②
〈穴埋めクイズ〉Q1. ハム / Q2. ペヌエル / Q3. ポティファル / Q4. ミディアン / Q5. ナジル
〈スペシャルクイズ〉
蛇の災い、猛暑の災い、蜂の災い

上級

〈○×クイズ〉Q1. ×（7日目は安息）/ Q2. ×（600歳）/ Q3. ○ / Q4. ×（ユダ）/ Q5. ○ / Q6. ×（じゅごんの皮）
〈4択クイズ〉Q1. ② / Q2. ① / Q3. ② / Q4. ④ / Q5. ④（同じ動物の乳製品と肉を一緒に料理してはいけないので）/ Q6. ②
〈穴埋めクイズ〉Q1. ピション / Q2. エジプト / Q3. ナフタリ / Q4. ナイル / Q5. エリム
〈スペシャルクイズ〉
ロト（隠れているのは、アブラム・アベル・サラ・ユダ・アビメレク・レア・アイ・ベテル・ペリシテ・イサク）

無差別級

〈○×クイズ〉Q1. ○ / Q2. ○（レビ記24章等に登場）/ Q3. ○ / Q4. ×（食糧危機のため）/ Q5. ○ / Q6. ○
〈4択クイズ〉Q1. ① / Q2. ② / Q3. ③ / Q4. ① / Q5. ② / Q6. ①
〈穴埋めクイズ〉Q1. ケトラ / Q2. マナセ / Q3. ケルビム / Q4. ヨベル / Q5. ピスガ
〈スペシャルクイズ〉
●食べてよいもの…②⑤⑧⑨⑩
●食べてはいけないもの…①③④⑥⑦（①③④⑦は、うろこがないから。⑥は、ひずめは割れているが反すうしないから）

第3章

初級

〈○×クイズ〉Q1. ×（ヨルダン川）/ Q2. ○ / Q3. ×（ナオミ）/ Q4. ×（ハンナ）/ Q5. ○ / Q6. ×（エリシャ）
〈4択クイズ〉Q1. ② / Q2. ③ / Q3. ④ / Q4. ① / Q5. ③ / Q6. ②
〈穴埋めクイズ〉Q1. デリラ / Q2. 聞いて（きいて）/ Q3. ゴリアト / Q4. イゼベル / Q5. バビロン
〈スペシャルクイズ〉
①ー B、②ー A、③ー D、④ー C

中級

〈○×クイズ〉Q1. ×（オトニエル）/ Q2. ○ / Q3. ○ / Q4. ×（シロ）/ Q5. ○ / Q6. ○
〈4択クイズ〉Q1. ② / Q2. ④ / Q3. ① / Q4. ① / Q5. ③ / Q6. ③
〈穴埋めクイズ〉Q1. シケム / Q2. デボラ / Q3. ヨナタン / Q4. ゲハジ / Q5. イエシュア
〈スペシャルクイズ〉
アロン、バラク、ダビデ、アブサロム

上級

〈○×クイズ〉Q1. ×（嗣業の土地は持っていない）/ Q2. ○ / Q3. ×（麻のエフォド）/ Q4. ○ / Q5. ×（献酌官だった）/ Q6. ○
〈4択クイズ〉Q1. ④ / Q2. ② / Q3. ③ / Q4. ③ / Q5. ① / Q6. ③
〈穴埋めクイズ〉Q1. エフタ / Q2. ベツレヘム / Q3. エディドヤ / Q4. ハガイ / Q5. インド
〈スペシャルクイズ〉
①イエフ、②ヤロブアム、③ヒゼキヤ、④ヨシヤ

無差別級

〈○×クイズ〉Q1. ○ / Q2. ×（1000人）/ Q3. ○ / Q4. ×（くじ）/ Q5. ×（デボラ）/ Q6. ○
〈4択クイズ〉Q1. ④ / Q2. ③ / Q3. ② / Q4. ③ / Q5. ① / Q6. ①
〈穴埋めクイズ〉Q1. エバル / Q2. モアブ / Q3. ピネハス / Q4. シェバ / Q5. ナオミ
〈スペシャルクイズ〉
①アシェル、②ルベン、③ユダ

第4章

初級

〈○×クイズ〉Q1. ×（150編）/ Q2. ○ / Q3. ○ / Q4. ×（エレミヤ）/ Q5. ×（カルデア）/ Q6. ○
〈4択クイズ〉Q1. ② / Q2. ④ / Q3. ① / Q4. ④ / Q5. ③ / Q6. ③
〈穴埋めクイズ〉Q1. エゼキエル / Q2. バビロン / Q3. インマヌエル / Q4. ヨナ / Q5. ヤコブ
〈スペシャルクイズ〉
①ー B、②ー C、③ー D、④ー A

中級

〈○×クイズ〉Q1. ○（詩編118:22）/ Q2. ×（コヘレトの言葉10:19）/ Q3. ○（イザヤ書9:1）/ Q4. ×（エレミヤ書のほうが多い）/ Q5. ○ / Q6. ○
〈4択クイズ〉Q1. ① / Q2. ② / Q3. ③ / Q4. ③ / Q5. ④ / Q6. ③
〈穴埋めクイズ〉Q1. くさ / Q2. カルデア / Q3. アナトト / Q4. いちじく / Q5. ニネベ
〈スペシャルクイズ〉
①ー E、②ー A、③ー C、④ー D、⑤ー B

上級

〈○×クイズ〉Q1. ○ / Q2. ○ / Q3. ×（紀元前8世紀）/ Q4. ○ / Q5. ○ / Q6. ×（北イスラエルで活躍）
〈4択クイズ〉Q1. ② / Q2. ④ / Q3. ② / Q4. ① / Q5. ④ / Q6. ①
〈穴埋めクイズ〉Q1. 7 / Q2. シャロン / Q3. ウリヤ / Q4. テケル / Q5. エフライム
〈スペシャルクイズ〉
①アラム、②カルメル（山）、③ヨルダン（川）、④エルサレム

無差別級

〈○×クイズ〉Q1. ×（詩編119編）/ Q2. ○ / Q3. ○ / Q4. ○ / Q5. ×（第1～第5の歌）/ Q6. ×（ミカ）
〈4択クイズ〉Q1. ④ / Q2. ① / Q3. ③ / Q4. ② / Q5. ④ / Q6. ①
〈穴埋めクイズ〉Q1. アッシリア / Q2. ふたり / Q3. しもべ / Q4. エジプト / Q5. テコア
〈スペシャルクイズ〉
①イザヤ、②エレミヤ、③エゼキエル

第1章小テスト

Q1. 12
Q2. アーメン
Q3. 仮庵祭
Q4. サウル
Q5. 七十人訳聖書

中間テスト

Q1. エルサレム
Q2. 油
Q3. レビヤタン
Q4. 金の子牛の像（若い雄牛の像）
Q5. レビ族
Q6. 虹
Q7. 75歳
Q8. シナイ山（ホレブ山）
Q9. バベル
Q10. ヨシュア（ホシェア）
Q11. アブラハム
Q12. 10
Q13. ナジル人
Q14. レビ記19章
Q15. 50年ごと

第3章小テスト

Q1. エリシャ

Q2. ベツレヘム

Q3. ヨナタン

Q4. エステル

Q5. カルメル山

総合テスト

Q1. 士師

Q2. キュロス

Q3. サムエル

Q4. 北イスラエル王国（北イスラエル王国は紀元前 722 年ごろ、南ユダ王国は紀元前 587 年ごろ滅亡）

Q5. デボラ

Q6. レビ族

Q7. ネヘミヤ

Q8. ソロモン

Q9. 嗣業の地（ぶどう畑）

Q10. ダビデ

Q11. サマリア

Q12. ヨナ

Q13. イザヤ書

Q14. 巻物

Q15. ミカエル

あとがき

クイズドリルを試して、「正しい」答えが見つかりましたでしょうか。すぐに答えが出てくる部分、少し考えると正解が出せる問題、難しくて該当する書物を開かなくては分からない部分、さまざまであったと思います。そのことは自分の聖書の理解の不均衡さを示しているように思います。それは必ずしも間違ったこととは言えません。しかし、内容的に豊かな旧約思想にさらに触れていく良い機会になったのではないか、と思います。

カトリックの信者であった小説家・井上ひさしは、よくこのようなことを語っていました。

「むずかしいことをやさしく、やさしいことをふかく、ふかいことをおもしろく」書くことが、自分の文筆家としての基本的な方針である。

旧約聖書は難しい書物だと言われます。確かにそうだと思いますが、それをやさしく書くことは、旧約学者の使命の一つだと思います。しかし、それによって内容の深さが失われずに、「面白さ」を共有することが重要です。

このクイズドリルが「旧約聖書を面白く読む」ことの一助になれば幸いです。

大島　力

監修：大島　力（おおしま・ちから）

1953年生。東北大学文学部史学科卒、東京神学大学大学院博士課程後期修了（神学博士）。青山学院大学名誉教授（旧約聖書学専攻）。
著書に、『聖書は何を語るか』『聖書の中の祈り』『預言者の信仰』（以上、日本キリスト教団出版局）、『旧約聖書と現代』（NHK出版）、『イザヤ書は一冊の書物か？ ── イザヤ書の最終形態と黙示的テキスト』（教文館）等。

大島 力 監修
旧約聖書おもしろクイズドリル

2021年9月25日　初版発行
2022年4月30日　再版発行

発行　日本キリスト教団出版局
169-0051
東京都新宿区西早稲田2丁目3の18
電話・営業03（3204）0422
編集03（3204）0424
https://bp-uccj.jp

印刷・製本　三秀舎
ISBN978-4-8184-1091-6 C0016　日キ販
Printed in Japan

聖書

福万広信 著

● A5 判／ 96 頁／ 880 円

キリスト教を初めて学ぶ方へ最適なテキスト。旧約や新約にのっている物語をわかりやすい言葉で丁寧にたどる。マメ知識や図版、地図を多く用いた、楽しい一冊。

聖書資料集 キリスト教との出会い

富田正樹 著

● B5 判／ 64 頁／ 880 円

聖書の世界が図解で理解でき、さらに現代とのつながりを意識させる。聖書を学ぶ上で大変役立つ資料を豊富に収録。教科書としてだけではなく、信徒の聖書研究にも最適。

そうか！なるほど！！キリスト教

荒瀬牧彦、松本敏之 監修

● A5 判／ 136 頁／ 1500 円

「新約聖書と旧約聖書って何が違うの？」「天国ってどこにあるんですか？」など、キリスト教に関する 50 の問いに、その道の専門家が〝本気で〟お答えします！ キリスト教や聖書に興味がある方へおすすめ。

ヴィジュアル Book 旧約聖書の世界と時代

月本昭男 監修、長谷川修一 著

● B5 判／ 96 頁／ 2200 円

「洪水伝説」「周辺世界の宗教と偶像」「町」「交易」「戦いと武器」など、当時の文化に密着したテーマが満載。資料を多数用いながら、旧約聖書の世界をわかりやすく解説。聖書の知識をより深いものへと導く。

キリスト教資料集

富田正樹 著

● B5 判／ 64 頁／ 1000 円

具体的なキリスト者の生涯や言葉、キリスト教がもたらした文化・芸術、社会活動といった現代社会とのつながりを、図解を交えながら解説。キリスト教入門テキストとしても最適。

（価格は本体価格です。重版の際に定価が変わることがあります。）

あわせて読めば、聖書の世界が一望できる！

聖書人物おもしろ図鑑

旧約編

監修者　大島力

編者　古賀博・真壁巌・吉岡康子

イラスト　金斗鉉

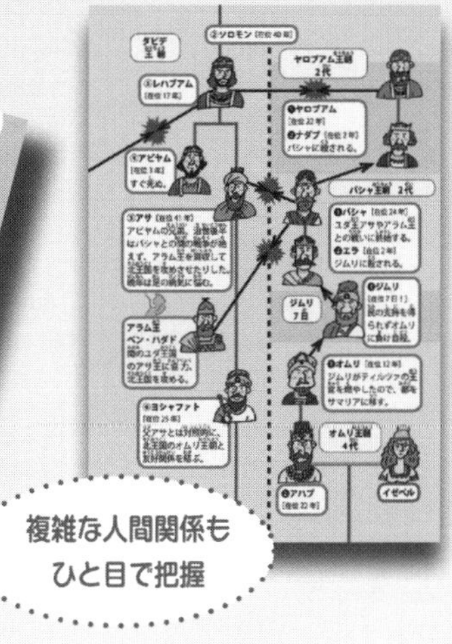

複雑な人間関係も
ひと目で把握

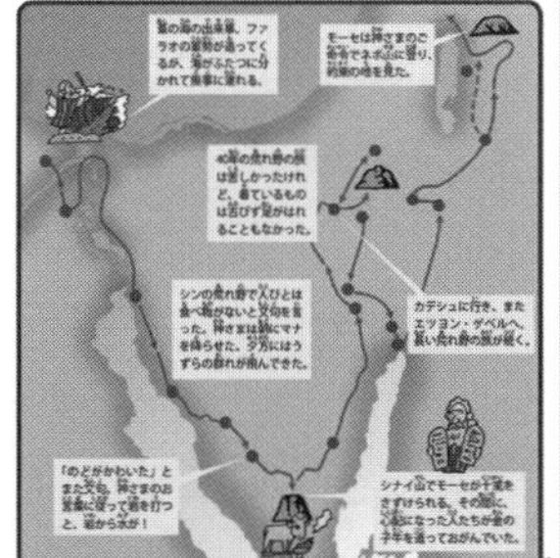

四六判・並製・112ページ
1,500円＋税

長い物語も図解で
わかりやすく！

クイズによって新約聖書を知ろう！

新約聖書おもしろクイズドリル

監修者　辻 学

☞「目からうろこ」って、新約聖書の言葉なの？？

☞パウロの長い話に眠くなり、３階から落ちてしまった人は？？

A5判・並製・96頁
1000円＋税
（2021年11月刊行）

スペシャルクイズ

パウロの手紙の宛先はどこ？

コリント、ローマ、ガラテヤ……。パウロ　　　　　に
る人々に向けて手紙を書きました。以下
紙の宛先が示されています。①〜③に、
を書き入れてみましょう。

知ってるつもりで意外と知らない聖書！

Q2. 「天におられるわたしたちの父よ、〇〇が崇めら
すように。」（マタイ６章）

4択や〇×、穴埋め、スペシャルの各種クイズ

12歳になったイエスが、過越祭のときにヨセフとマ
とともに向かった場所（町の名前）は、〇〇〇〇
〇。（ルカ２章）

が十字架にかかったときにユダヤ総督であっ
27章ほか）

にといった場

自分のレベルにあわせて
いろんな種類のクイズをといてみよう！